¿Dónde está Topito?

Escrito por Inez Greene   Ilustrado por Tim Jessell
Adaptado por Patricia Almada

GoodYearBooks

–¿Dónde está Topito?–
preguntó la mamá Topo.

2

–Yo no lo vi –dijo el escarabajo.

3

–Yo no lo vi –dijo la araña.

4

−Yo no lo vi −dijo el ratón.

5

–Yo no lo vi –dijo la serpiente.

6

–Yo no lo vi–
dijo la marmota.

7

–¡Sorpresa, estoy aquí!– dijo Topito.

8

Sapere Aude

TODD WEHR
MEMORIAL
LIBRARY

Viterbo University
815 South Ninth Street
La Crosse, WI 54601
608-796-3260